HARTMUT RONGE

HÄPI BÖSDEI ICH HAB DICH GANS ARG LIEB!

KINDERWEISHEITEN ZUM GEBURTSTAG

riva

WENN MAN GEBURTISTAG
HAT DANN KOMMT
DIE GANZE
FROHWANDSCHAFT

ÜBERASCHUNGEN MAG ich.
ABER NUR WENN ES KEINE
MENSCHN SONTERN
SPIELGACHEN SIND.

Geburtstage sint wie andere Tage nur von allem viel mehr.

Auf meinem Geburtstags tisch sollen nur die Geschenke Liegen und gar keine Anziesachen

Wenn man das Geschenkpapir nicht aufreisen darf das nerft!

Papa kann man
einfach Gudscheine
schenken weil der die fast
gar nie einlöst

Wenn man alt ist
wird man ein
Juhubilar

PAPA HAT OPA GRADULIERD
UND UND LIEBES GEBURTSTA
GSKIND GESAGT ABER DER
HAT JA GAR KEINE
ELTERN MEHR!

SIEGE SAGE
SIEGE SAGE
HEU HEU HEU

VOM CHRISTKIND KRIEG ICH
IMER VIEL MEHR ALS ZUN
GEBURTSTAG VON
    PAPA UND MAMA

Mama und Papa schenken sich nichts weil die sonst eh wieder alles umtauschen

Ich mag nur Torte mit ohne Alkohol am liebsten und Käsekuchen ohne Käse

OPA SAGT IMMER
BURZELTAG WARSCHÄINLICH WEIL
ICH BESSER
BURZELBÄUME KANN

ICH HAB MIT OPA HEIMLICH SCHON
MAL SEKT GETRUNKEN OBWOL
GAR NIMAND GEBURTSTAG HATTE

Meine Schwester ihre Geburtstagsparty war ganz ohne tanzen und küssen und Allkohol.

WIR HAben eine Schnitzeljagd gemacht Aber gar keine gefunden

EIN VIERPLÄTTRIKES KLEEBPLATT SOLL AINEM GANS VEL GLÜCK BRINGEN

Fiel GLÜCK
UND Fiel
SÄGEN!

Wen ich gros bin feier ich
meinen Geburtstag
aber entlich ohne
Aufpasser

Wenn Männer Geburtstag feiern gehen sie mit ihre Freunde Kneipen.

Luftballone mit
Höllium gehen an
die Decke oder haven
in den Himmel ab.

Die Verwanden
sollen mich nicht so
abküssen sondern
Geschenge geben
reicht!

Oma wurde dreimal hochgelebt dann War ihr schwinteLik

DAS MAN AM GEBURTSTAG

IMMER EIN JAHR ÄLTER WIRT

FINDET MAMA DOF!

In meinem Posiealbum
musten alle ganz schöne Sachen
über mich rein schreiben.

HÄPIBÖSDEI
ICH HAB DICH
GANS ARG LIEB!

An meinem
Geburtstag gibbs
immer Pustekuchen

GEBURTSTAG IST
MEIN LIBLINGSTAG
WENN ICH ALLES KRIEGE

Oma ist in den Wechseljahren.
weil sie immer ihre
Geburtstagszahl verwechselt

Opa ist ein Geburtstagsmuffel
weil der so
komisch riecht!

ALLE MENSCHEN HABEN IM GLEICHEN JAHR GEBURTSTAG

DIE NACHTBARN WOLLEN
IMMER NUR SCHLAFEN
UND GAR NIE
MITFEIERN

Wenn man kleinen Kindern nicht ihren Geburtstag vergessen und gar keine Geschenke würden die das immer wollen.

Als ich beim Zahnarzt fertig war war das viel schöner als Geburtstag !?

Ich hab Papa schon mal fünf mal Rückengratzen zum Geburtstag geschenkt

OMA IST SCHON
LENGST VERJÄHRT
ABER WIR FEIERN
SIE IMMER NOCH

Mama schreibt immer alle
Einladungen und ich
unterschreibe nur
wie ein Chef

Wenn man Geburtstag hat
sagen das einem immer

die Eltern aber ob das
immer stimmt?

ES HEIST GEHBURTJTAG WEIL MAN DA ZUM GRATELIEREN GEHEN MUSS

Wie schön das du geboren
bist wir hätten dich sonst
sehr vermiest!

SO LANGE MAN
KINDERGEBURTSTAG
FEIERT IST MAN
NICHT ALT SAGT
OPA

Geburtstag ist wenn alle
einen beim Schaukeln
~~anschupsen.~~
~~Ein~~ anschubsen.

PAPA FEIERT NIE
GEBURTSTAG WEIL DER
NICHT ÄLTER WERDEN WILL

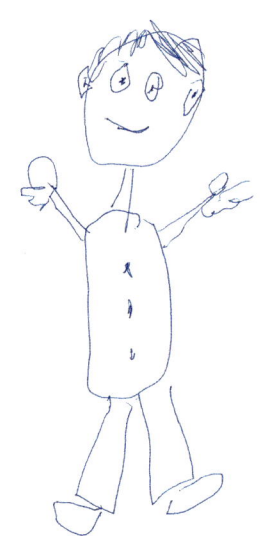

Wenn man so
alt ist wie Oma
kriegt man Kränze
und keine Sträuße

Mein Onkel sagt
immer man ist nur
so alt wie man
sich füllt

Wenn ich nächstes Mal
Geburtstag habe will ich Aber
viel Mehr Älter Werden

OPA WILL MINTESTENS
100 WERDEN WEIL DANN
NUHR NOCH WENIGE
STERBEN

Bei Oma war gestern wieder Zeitumstellung

PAPA HAT MAMA ein
NEUES BLAUES
PRÜGELEISEN
GESCHENKT

Geburtstag ist wie Weinachten nur ohne Tiere und Jesus

Wenn man ganz oft Geburt-
stag feiern will darf man
halt vorher nicht sterben.

WEN ICH PÄKCHEN EINPAKE SIET DAS
IMMER AUS WIE GRAUT UND ÜBEN

Opa Kann besonders gut älter werden!

Liebe schenken ist am
billigsten aber auch
am wertvollsten

Bei die Geschenke war nichts
Gescheides dabei jetzt muss ich
wieder ein ganzes Jahr
warten Manno!

Wenn man den Wunschzettel abgegeben hat und einem dann noch etwas einfällt ist es zu spät!

Mein Freund seine
Mutter mag zum
Kuchen nur Schwatztee

DAS ALTER VON OMA IST UNHEILBAR

EIN RIEEESEN DANKESCHÖN AN DIE TOLLEN KÜNSTLER*INNEN FÜRS SCHREIBEN UND MALEN:

Adelina (9), Alissar (6), Anika (8), Anna (7), Anton (9), Arda (6), Atakan (9), Bela (10), Elia (7), Emilia (10), Fernando (6), Finn (7), Giulia (9), Gwendolin (7), Hannah (8), Harro (9), Jiyan (7), Johanna (7), Jona B. (7), Karim (9), Kerem (7), Kyria (8), Lea Marie (4), Leana (6), Lena E. (8), Lenia (7), Lia Madita (5), Lilly U. (9), Mathea (8), Mia Sophie (9), Milana (8), Mina (5), Mina Shin (6), Niklas (9), Noemi (10), Nora (9), Paul (8), Paula (7), Philipp Noel (8) und Thalia (7)

Bibliografische Information der Deutschen Nationalbibliothek

Die Deutsche Nationalbibliothek verzeichnet diese Publikation in der Deutschen Nationalbibliografie. Detaillierte bibliografische Daten sind im Internet über https://dnb.de abrufbar.

Für Fragen und Anregungen

info@m-vg.de

Originalausgabe

1. Auflage 2024

© 2024 by riva Verlag, ein Imprint der Münchner Verlagsgruppe GmbH

Türkenstraße 89

80799 München

Tel.: 089 651285-0

Umschlaggestaltung: Maria Verdorfer

Layout: Manuela Amode

Satz: Verena Koch

Druck: Florjancic Tisk d.o.o., Slowenien

Printed in the EU

ISBN Print 978-3-7423-2675-1

Wir produzieren
nachhaltig
www.m-vg.de

Weitere Informationen zum Verlag finden Sie unter

www.rivaverlag.de

Beachten Sie auch unsere weiteren Verlage unter www.m-vg.de